Impressum
Verlag: BABADADA GmbH, Nedderfeld 112 , 22529 Hamburg
Geschäftsführer / Verlagsleitung: Harald Hof
Druck: Books on Demand GmbH, In de Tarpen 42, 22848 Norderstedt

Imprint
Publisher: BABADADA GmbH, Nedderfeld 112 , 22529 Hamburg, Germany
Managing Director / Publishing direction: Harald Hof
Print: Books on Demand GmbH, In de Tarpen 42, 22848 Norderstedt

# 學校

## اسکول

教室
کمرہ جماعت
除
تقسیم کریں
186/2
黑板
بورڈ
سکول کا صحن
老師
اُستاد
紙
کاغذ
書寫
筆
قلم
辦公桌
میز
直尺
پیمانہ
書
کتاب
學生
شاگرد

書包

بستہ

鉛筆盒

پینسل کیس

鉛筆

پینسل

削鉛筆機

پینسل شارپنر

橡皮擦

ربڑ

畫板

ڈرائنگ پیڈ

圖畫

ڈرائنگ

畫筆

پینٹ برش

顏料盒

پینٹ باکس

剪刀

قینچی

膠水

گوند

練習冊

مشق کی کاپی

家庭作業

ہوم ورک

**12**

數字

ہندسہ

**2+2**

加

جمع کریں

**5-2**

減

منفی کریں

**2×2**

乘

ضرب دیں

計算

شمار کریں

**A**

字母

خط

**ABCDEFG
HIJKLMN
OPQRSTU
VWXYZ**

字母表

حروف تہجی

**hello**

字

لفظ

課文

متن

讀

پڑھنا

粉筆

چاک

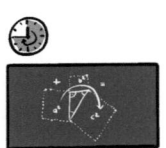

上課

سبق

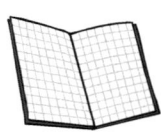

登記

اندراج

考試

امتحان

證書

سند

校服

سکول یونیفارم

教育

تعلیم

百科全書

انسائیکلوپیڈیا

大學

یونیورسٹی

顯微鏡

خورد بین

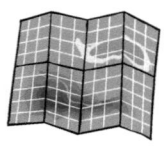

地圖

نقشہ

廢紙簍

ویسٹ پیپر باسکٹ

飯店
ہوٹل

Grand

青年旅社
ہاسٹل

ROOMS

外幣兌換處
رقم تبدیل کرانے کیلئے دفتر

EXCHANGE

手提箱
سوٹ کیس

汽車
کار

### 語言
زبان

### 是/否
ہاں / نہیں

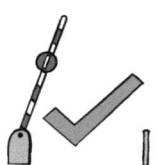

### 好的
ٹھیک ہے

### 您好
ہیلو

### 翻譯人員
مُترجم

### 謝謝
شُکریہ

……多少錢？

--- کی کیا قیمت ہے؟

我不明白

میں نہیں سمجھتا

問題

مشکل

晚上好！

شام بخیر!

早上好！

صبح بخیر!

晚安！

شب بخیر!

再見

الوداع

方向

سمت

行李

سفری سامان

包

بیگ

背包

بیگ پیک

客人

مہمان

房間

کمرہ

睡袋

سلیپنگ بیگ

帳篷

ٹینٹ

旅行資訊

سیاحوں کے لئے معلومات

海灘

ساحل

信用卡

کریڈٹ کارڈ

早餐

ناشتہ

午餐

لنچ

晚餐

ڈنر

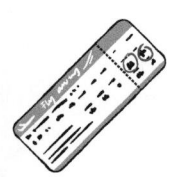

票

ٹکٹ

電梯

لفٹ

郵票

مُہر

邊界

سرحد

海關

کسٹمز

大使館

سفارت خانہ

簽證

ویزا

護照

پاسپورٹ

# 交通運送

## نقل وحمل

飛機
ہوائی جہاز
船
سمندری جہاز
消防車
آگ بُجھانے والی گاڑی
卡車
ٹرک
公車
بس
汽艇
موٹربوٹ
腳踏車
سائیکل
汽車
کار

渡輪

فیری

小船

کشتی

機車

موٹرسائیکل

警車

پولیس کار

賽車

ریسنگ کار

租車

کرایہ پرکار

拼車

کارکا اشتراک کرنا

拖車

کھینچنےوالا ٹرک

垃圾車

کوڑے والا ٹرک

馬達

کار

汽油

ایندھن

加油站

پٹرول اسٹیشن

交通標識

ٹریفک کےنشانات

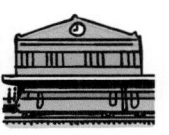

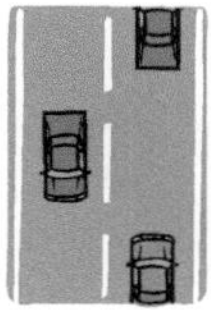

交通

ٹریفک

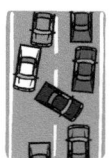

交通堵塞

ٹریفک جام

停車場

کارپارک

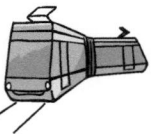

火車站

ٹرین اسٹیشن

軌道

پٹڑیاں

火車

ٹرین

路面電車

ٹرام

客車廂

ویگن

直升機

ہیلی کاپٹر

機場

ائرپورٹ

塔

ٹاور

乘客

مسافر

集裝箱

کنٹینر

紙板箱

ڈبہ

手推車

ریڑھا

籃子

ٹوکری

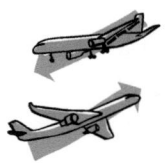

起飛/降落

اُڑان بھرنا / زمین پراُترنا

# 城市

## شہر

村莊

گاؤں

市中心

سٹی سنٹر

房子

مکان

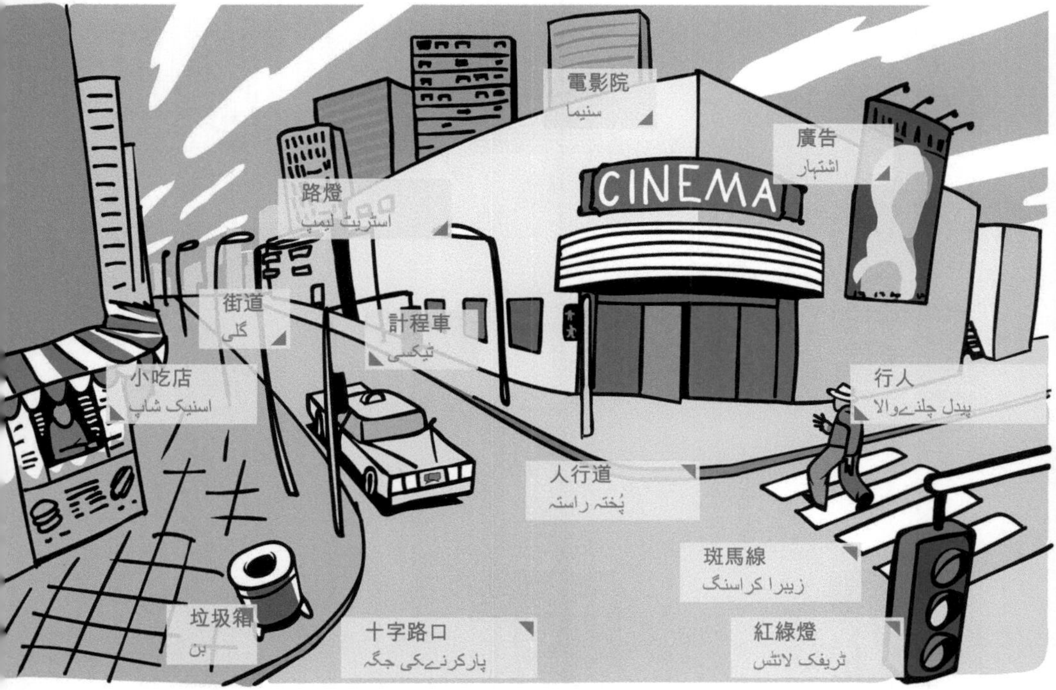

電影院
سنیما
廣告
اشتہار
CINEMA
路燈
اسٹریٹ لیمپ
街道
گلی
計程車
ٹیکسی
小吃店
اسنیک شاپ
行人
پیدل چلنے والا
人行道
پُختہ راستہ
斑馬線
زیبرا کراسنگ
垃圾箱
بن
十字路口
پارکرنے کی جگہ
紅綠燈
ٹریفک لائٹس


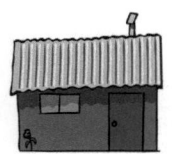

小屋

ہٹ

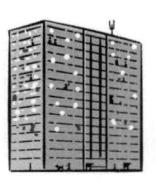

公寓

فلیٹ

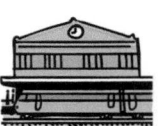

火車站

ٹرین اسٹیشن

市政廳

ٹاؤن ہال

MUSEUM


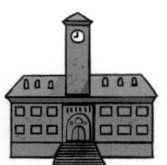

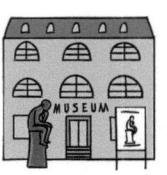

博物館

عجائب گھر

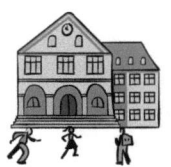

學校

اسکول

大學

یونیورسٹی

銀行

بینک

醫院

ہسپتال

飯店

ہوٹل

藥房

فارمیسی

辦公室

دفتر

書店

کتابوں کی دکان

商店

دکان

花店

پھولوں کی دُکان

超市

سُپرمارکیٹ

市場

مارکیٹ

百貨商店

ڈیپارٹمنٹ سٹور

魚店

مچھلی کی دُکان

購物中心

شاپنگ سنٹر

海港

بندرگاہ

公園

پارک

長凳

بنچ

橋

پُل

樓梯

سیڑھیاں

捷運

انڈرگراؤنڈ

隧道

سرُنگ

公車站

بس اسٹاپ

酒吧

شراب خانہ

餐館

ریسٹورنٹ

郵筒

پوسٹ باکس

路標

اسٹریٹ سائن

停車計時器

پارکنگ میٹر

動物園

چڑیا گھر

游泳池

سوئمنگ پول

清真寺

مسجد

**農場**

کھیت

**污染**

آلودگی

**墓地**

قبرستان

**教堂**

چرچ

**操場**

کھیل کا میدان

**寺廟**

مندر

# 地形

# منظر

樹葉
پتہ
指示牌
رہنمائی کے لئے لگا ہوا بورڈ
路
راستہ
草地
سبزہ زار
石頭
پتھر
樹
درخت
徒步旅行者
پیدل چلنے والا، ہائکر
河
دریا
草
گھاس
花
پھول

峡谷

وادی

丘陵

پہاڑی

湖

جھیل

森林

جنگل

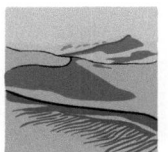

沙漠

صحرا

火山

آتش فشاں

城堡

قلعہ

彩虹

قوس قزح

蘑菇

کھمبی

棕櫚樹

کجھورکا درخت

蚊子

مچھر

蒼蠅

مکھی

螞蟻

چیونٹی

蜜蜂

مکھی

蜘蛛

مکڑا

甲蟲

بھونرا

青蛙

مینڈک

松鼠

گلہری

刺蝟

خارپُشت

野兔

خرگوش

貓頭鷹

اُلو

鳥

پرندہ

天鵝

راج ہنس

野豬

سؤر

鹿

ہرن

麋鹿

امریکی بارہ سنگھا

水壩

ڈیم

風力發電機

ہوا سے چلنے والی ٹربائین

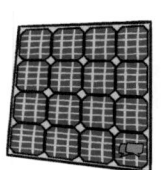

太陽能電池板

سولر پینل

氣候

آب وہوا

# 餐館

## ریسٹورنٹ

服務生
ویٹر
菜譜
مینیو
椅子
کُرسی
湯
سوپ
披薩餅
پیزا
کٹلری
桌布
ٹیبل کلاتھ

前菜

اسٹارٹر

主菜

مین کورس

甜點

ڈیزرٹ

飲料

مشروبات

食物

کھانے کی اشیاء

瓶子

بوتل

速食

فاسٹ فوڈ

街邊小吃

اسٹریٹ فوڈ

茶壺

چائےدانی

糖盒

شوگرباکس

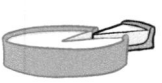

一份飯菜

حصہ

義式咖啡機

ایسپریسو مشین

高腳椅

اونچی کرسی

帳單

بل

托盤

ٹرے

刀

چھُری

餐叉

کانٹا

勺子

چمچ

茶匙

چائےکا چمچ

餐巾

سرویئیٹی

玻璃杯

شیشہ

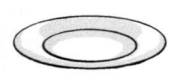

碟子

پلیٹ

湯盤

سوپ پلیٹ

碟子

طشتری

醬

چٹنی

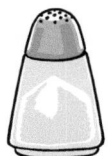

鹽瓶

سالٹ شیکر

胡椒研磨罐

پیپرمل

醋

سرکہ

食用油

خوردنی تیل

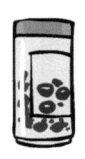

調味料

مصالحے

番茄醬

کیچپ

芥末

سرسوں

美乃滋

میئونیز

# 超市

## سُپرمارکیٹ

特價
خصوصی پیشکش
FOR
顧客
گاہک
乳製品
ڈیری
購物車
ٹرالی
水果
پھل

肉鋪

گوشت کی دُکان

麵包店

بیکری

稱重

وزن کرنا

蔬菜

سبزیاں

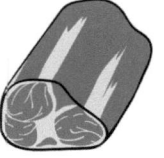

肉

گوشت

冷凍食品

جما ہوا کھانا

冷盤

کولڈ کٹس

罐頭食品

ڈبےمیں بند کھانا

洗衣粉

واشنگ پاؤڈر

甜食

مٹھائیاں

日用品

گھریلو مصنوعات

清潔用品

صاف کرنےکیلئےمصنوعات

銷售員

سیلزپرسن

收銀機

کیش رجسٹر

收銀員

کیشئیر

購物清單

خریداری کی فہرست

開放時間

اوقات کار

錢包

بٹوہ

信用卡

کریڈٹ کارڈ

袋子

تھیلا

塑膠袋

پلاسٹک کےتھیلے

# 飲料
## مشروبات

水

پانی

果汁

جوس، رس

牛奶

دودھ

可樂

کوک

紅酒

وائن

啤酒

بیئر

酒

الکوحل

可可

کوکوآ

茶

چائے

咖啡

کافی

義式濃縮咖啡

ایسپریسو

卡布奇諾

کیپاچینو

香蕉

کیلا

蘋果

سیب

柳丁

مالٹا

西瓜

خربوزہ

檸檬

لیموں

胡蘿蔔

گاجر

大蒜

لہسن

竹子

بانس

洋蔥

پیاز

蘑菇

کھُمبی

堅果

اخروٹ، بادام وغیرہ

麵條

نوڈلز

義大利麵

اسپیگیٹی

米飯

چاول

沙拉

سلاد

薯條

چپس

炸馬鈴薯

تلے گئے آلو

披薩餅

پیزا

漢堡

ہیم برگر

三明治

سینڈوچ

炸豬排

کٹلیٹ

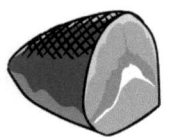

火腿

سؤرکی ران کا گوشت

義大利臘腸

گوشت کی اطالوی ساسیج

香腸

ساسیج

雞肉

مُرغی

烤肉

روسٹ

魚

مچھلی

燕麥片

جئی کا دلیہ

木斯里

میوزلی

玉米片

کارن فلیکس

麵粉

آٹا

牛角麵包

کروئیسنٹ

麵包捲

بریڈ رول

麵包

بریڈ

吐司

ٹوسٹ

餅乾

بسکٹ

奶油

مکھن

凝乳

دہی

蛋糕

کیک

蛋

انڈا

煎蛋

فرائی کیا گیا انڈہ

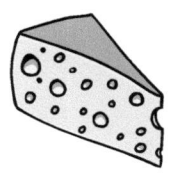

起司

پنیر

冰淇淋

آئس کریم

糖

چینی

蜂蜜

شہد

果醬

جام

巧克力醬

ناؤگٹ کریم

咖哩

سالن

農舍
فارم باؤس

糧倉
کھلیان

稻草捆
تنکوں کی گانٹھ

田野
کھیت

馬
گھوڑا

拖車
ٹریلر

馬駒
گھوڑے کا بچہ

拖拉機
ٹریکٹر

驢
گدھا

羊
بھیڑ

羔羊
میمنہ

山羊
بکری

奶牛
گائے

小牛
بچھڑا

豬
سؤر

小豬
سؤر کا بچہ

公牛
سانڈ

鵝

راج ہنس

鴨

بطخ

小雞

چوزه

母雞

مُرغی

公雞

مُرغا

鼠

چوہا

貓

بلی

老鼠

چوہا

牛

بیلچہ

狗

کُتا

狗屋

کُتے کا گھر

花園澆水軟管

گارڈن ہاؤس

澆水壺

پانی کا کین

長柄大鐮刀

درانتی

犁

ہل

鐮刀

درانتی

鋤頭

بیلچہ

長柄草耙

ترنگل

斧頭

کلہاڑا

獨輪手推車

ہتہ گاڑی

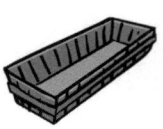

飼料槽

حوض

牛奶罐

دودھ کا کین

麻布袋

تھیلا

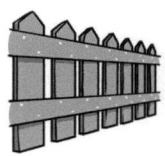

柵欄

باڑ

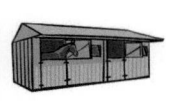

馬廄

اصطبل

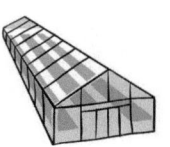

溫室

گرین ہاؤس

土壤

مٹی

種子

بیج

肥料

فرٹیلائیزر

聯合收割機

کمبائن ہارویسٹر

收割

فصل کاٹنا

收割

فصل کاٹنا

地瓜

افریقی آلو

小麥

گندم

大豆

سویا

土豆

آلو

玉米

مکئی

油菜籽

توریا کا تیل

果樹

پھلداردرخت

樹薯

کساوا

穀物

دلیہ

# 房子
## مکان

煙囪
چمنی
屋頂
چھت
落水管
نیچےجانےوالا پائپ
窗戶
کھڑکی
車庫
گیراج
門鈴
دروازےکی گھنٹی
門
دروازہ
垃圾桶
کوڑےکی ٹوکری
信箱
لیٹرباکس
花園
گارڈن

客廳

لوونگ روم

浴室

غُسل خانہ

廚房

باورچی خانہ

臥室

بیڈروم

兒童房

بچوں کا کمرہ

餐廳

کھانےکا کمرہ

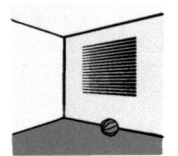

地板

فرش

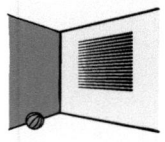

牆壁

دیوار

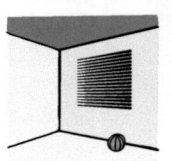

天花板

چھت

地窖

تہ خانہ

三溫暖

سوانا

陽臺

بالکونی

露臺

ٹیریس

游泳池

پول

割草機

گھاس کاٹنے کی مشین

被罩

چادر

床罩

چادر

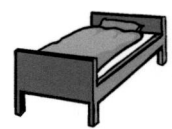

床

بستر

掃帚

جھاڑو

水桶

بالٹی

開關

سوئچ

# 客廳
## لوونگ روم

壁紙
وال پیپر
相片
تصویر
لیمپ
擱架
شیلف
櫥櫃
الماری
電視
ٹیلی ویژن
壁爐
آتش دان
花
پھول
墊子
沙發
صوفہ
花瓶
گلدان
遙控器
ریموٹ کنٹرول

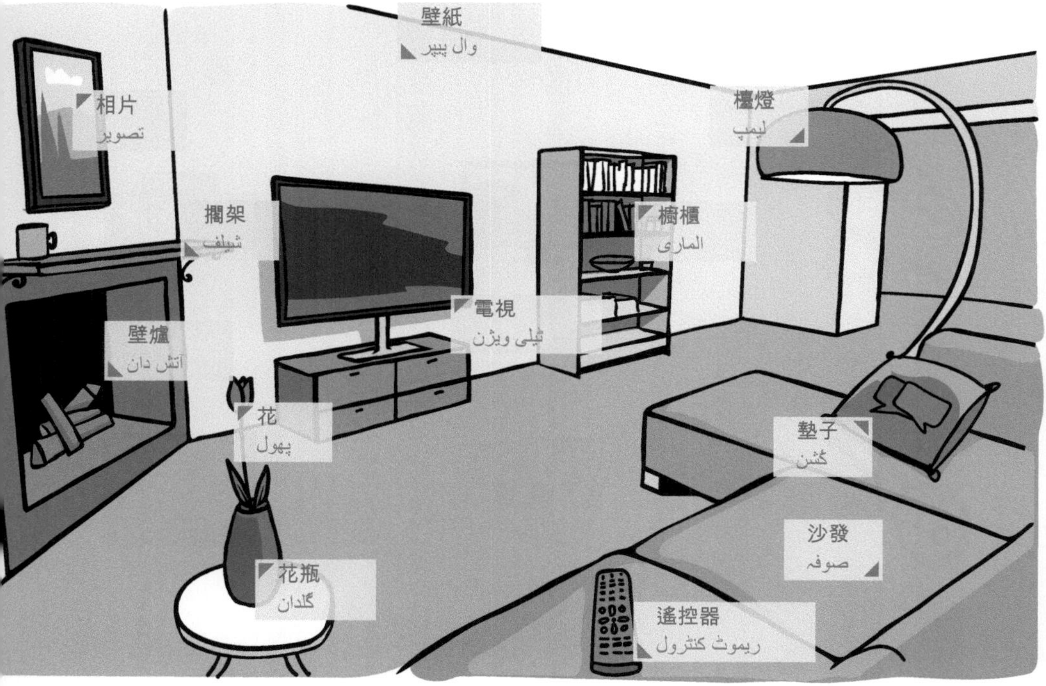

地毯
قالین

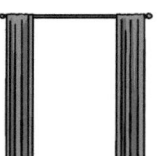

窗簾
پردے

餐桌
میز

椅子
کُرسی

搖椅
ہلنے والی کُرسی

扶手椅
آرام کُرسی

書

كتاب

毯子

كمبل

裝飾品

آرائش

木柴

جلانے كی لكڑی

電影

فلم

高傳真音響

ہائی فائی

鑰匙

چابی

報紙

اخبار

油畫

پینٹنگ

海報

پوسٹر

收音機

ریڈیو

筆記本

نوٹ بُک

吸塵器

ویكیوم كلینر

仙人掌

كیكٹس

蠟燭

موم بتی

廚房

冰箱
فرج
微波爐
مائیکرویواوون
廚房秤
کچن اسکیل
烤麵包機
ٹوسٹر
洗潔精
کپڑے دھونے کا پاؤڈر
烤箱
چولہا
冰櫃
فریزر
垃圾桶
کوڑے کی ٹوکری
洗碗機
ڈش واشر

炊具
.................
ککر

鍋
.................
برتن

鑄鐵鍋
.................
لوہے کا برتن

炒鍋
.................
کڑاہی

平底鍋
.................
برتن

水壺
.................
کیتلی

蒸鍋

اسٹیمر

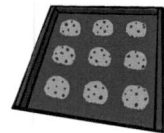

烤盤

بیکنگ ٹرے

陶瓷鍋

کراکری

馬克杯

مگ

碗

پیالہ

筷子

چاپ اسٹکس

長柄勺

ڈوئی

鏟子

کفچہ

攪拌器

جھاڑودینا

濾網

مقطر

篩子

چھلنی

磨碎機

گریٹر

研缽

کونڈی

燒烤

باربی کیو

明火

کھُلی آگ

菜板

چاپنگ بورڈ

擀麵杖

بیلن

開瓶器

کارک اسکریو

罐子

کین

開罐器

کین اوپنر

隔熱手套

برتن پکڑنےوالا کپڑا

水槽

سنک

刷子

برش

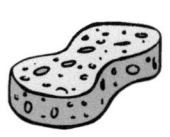

海綿

اسپونج

攪拌機

بلینڈر

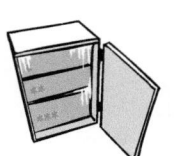

冷藏箱

ڈیپ فریز

奶瓶

بچےکی بوتل

水龍頭

ٹونٹی

# 浴室

## غُسل خانہ

供暖裝置
ہیٹنگ
毛巾
تولیہ
شاور
浴簾
شاورکرٹن
泡沫浴
ببل باتھ
浴缸
باتھ ٹب
洗衣機
واشنگ مشین
瓷磚
ٹائلیں
便壺
پاٹی
水龍頭
ٹونٹی
玻璃杯
شیشہ
水槽
سنک

廁所

ٹائلٹ

蹲便器

دوزانوں بیٹھنےوالی ٹائلٹ

坐浴器

نچلاحصہ دھونےکیلئےپاٹ

小便斗

پیشاب گاہ

廁紙

ٹائلٹ پیپر

馬桶刷

ٹائلٹ برش

牙刷

ٹوتھ برش

牙膏

ٹوتھ پیسٹ

牙線

ڈینٹل فلاس

洗

دھونا

手持式蓮蓬頭

ہینڈ شاور

沖洗器

شاور

洗臉盆

بیسن

洗背刷

بیک برش

肥皂

صابن

沐浴露

شاورجل

洗髮乳

شیمپو

法蘭絨

فلالین

排水

ڈرین

乳霜

کریم

除臭劑

ڈیوڈورنٹ

鏡子

آئینہ

手鏡

ہاتھ میں پکڑا جانےوالا آئینہ

刮鬍刀

ریزر

刮鬍泡沫

شیونگ فوم

鬍後水

آفٹرشیو

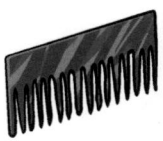

梳子

کنگھی

刷子

برش

吹風機

ہیئرڈرائر

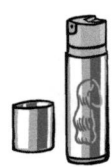

噴髮定型劑

ہیئراسپرے

化妝品

میک اپ

唇膏

لپ اسٹک

指甲油

نیل وارنش

化妝棉

روئی

指甲剪

ناخن کاٹنےکی قینچی

香水

پرفیوم

洗漱包

واش بیگ

凳子

پاخانہ

計重秤

وزن کرنےکی مشین

浴袍

باتہ روب

橡膠手套

ربڑکےدستانے

衛生棉條

ٹیمپون

衛生棉

سینیٹری ٹاول

化學廁所

کیمیکل ٹائلٹ

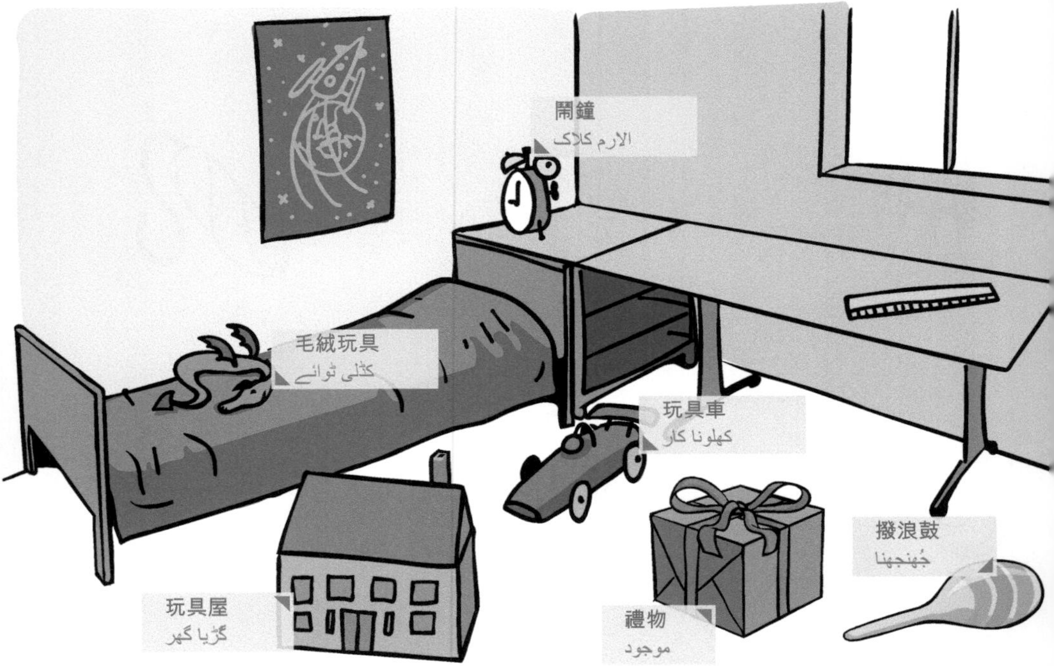

鬧鐘
الارم کلاک
毛絨玩具
کڈلی ٹوائے
玩具車
کھلونا کار
撥浪鼓
جُھنجھنا
玩具屋
گڑیا گھر
禮物
موجود

氣球

غبارہ

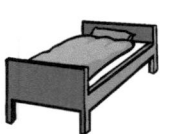

床

بستر

嬰兒車

پرام

撲克牌

ڈیک آف کارڈز

拼圖

جگسا

漫畫

کامک

樂高積木

لیگوبرکس

積木玩具

کھلونا بلاکس

公仔

ایکشن فگر

嬰兒服

بچےکا لباس

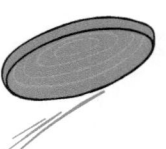

飛盤

فرسبی

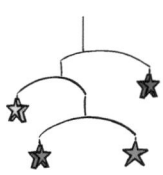

床鈴玩具

کھلونا موبائل

棋盤遊戲

بورڈ گیم

骰子

ڈائس

火車模型

ماڈل ٹرین سیٹ

安撫奶嘴

ڈمی

派對

پارٹی

繪本

تصاویروالی کتاب

球

گیند

洋娃娃

گڑیا

玩

کھیلنا

沙坑

سینڈ پٹ

鞦韆

جھولا جھولنا

玩具

کھلونے

電玩遊戲

وڈیوگیم کنسول

三輪車

تین پہیوں والی سائیکل

泰迪熊

ٹیڈی بیئر

衣櫃

کپڑوں کی الماری

# 衣服

# لباس

襪子

موزے

長襪

اسٹاکنگز

緊身褲

ٹائٹس

圍巾
اسکارف

雨傘
چھتری

T恤
ٹی شرٹ

皮帶
بیلٹ

運動鞋
اسنیکرز

靴子
بوٹ

拖鞋
سلیپر

涼鞋

سینڈل

鞋

جوتے

雨靴

ربڑکےبوٹس

內褲

زیرجامہ

胸罩

بریزئیر

背心

واسکٹ

身體

جسم

褲子

پتلون

牛仔褲

جینز

短裙

اسکرٹ

女式襯衫

بلاؤز

襯衫

قمیض

套頭衫

پُل اوور

連帽上衣

سویٹر

西裝夾克

بلیزر

夾克

جیکٹ

外套

کوٹ

雨衣

رین کوٹ

套裝

کوئی خاص لباس

連衣裙

لباس

婚紗

شادی کا لباس

西裝

سوٹ

睡袍

نائٹ گاؤن

睡衣

پانجامہ

莎麗

ساڑھی

頭巾

سرپرلیا جانےوالا اسکارف

包頭巾

پگڑی

波卡

بُرقع

卡夫坦

کفتان

(阿拉伯式)長袍

عبایہ

泳衣

تیراکی کا سوٹ

男式泳褲

ٹرنک

短褲

نیکر

運動服

ٹریک سوٹ

圍裙

ایپرن

手套

دستانے

衣服 - لباس

47

鈕扣

بٹن

眼鏡

عینک

手鏈

کنگن

項鍊

ہار

戒指

انگوٹھی

耳環

کانوں کی بالیاں

便帽

ٹوپی

衣架

کوٹ ہینگر

帽子

ہیٹ

領帶

ٹائی

拉鍊

زپ

安全帽

ہیلمٹ

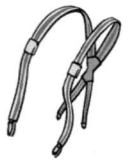

背帶

بریسز

校服

سکول یونیفارم

制服

وردی

圍兜

بب

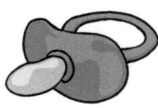

安撫奶嘴

ڈمی

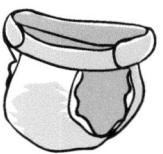

尿布

نیپی

# 辦公室

## دفتر

伺服器
سرور
檔案櫃
فائلوں کی الماری
紙
کاغذ
印表機
پرنٹر
螢幕
مانیٹر
滑鼠
ماؤس
میز
資料夾
فولڈر
鍵盤
کی بورڈ
廢紙簍
ویسٹ پیپرباسکٹ
電腦
کمپیوٹر
椅子
کُرسی

咖啡杯

کافی مگ

計算機

کیلکولیٹر

網際網路

انٹرنیٹ

筆記型電腦

لیپ ٹاپ

信件

خط

簡訊

پیغام

行動電話

موبائل

網路

نیٹ ورک

影印機

فوٹوکاپئیر

軟體

سافٹ ویئر

電話

ٹیلی فون

插座

پلگ ساکٹ

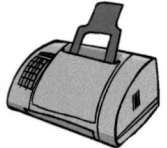

傳真機

فیکس مشین

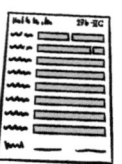

表格

فارم

檔案

دستاویز

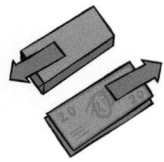

買

خریدنا

付錢

ادائیگی کرنا

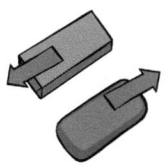

交易

تجارت کرنا

現金

رقم

美元

ڈالر

歐元

یورو

日元

ین

盧布

روبل

瑞士法郎

سوئس فرانک

人民幣

رینمنبیی یوآن

盧比

روپیہ

提款處

کیش پوائنٹ

**外幣兌換處**

رقم تبدیل کرانے کیلئے دفتر

**金**

سونا

**銀**

چاندی

**石油**

خام تیل

**能源**

توانائی

**價格**

قیمت

**合約**

معاہدہ

**稅金**

ٹیکس

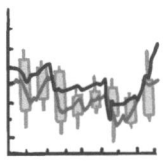

**股票**

اسٹاک

**工作**

کام کرنا

**職員**

ملازم

**老闆**

آجر

**工廠**

فیکٹری

**商店**

دکان

警官
پولیس افسر
消防員
فائرمین
廚師
خانساماں، کُک
醫師
ڈاکٹر
飛行員
پائلٹ

園丁

مالی

木匠

ترکھان

裁縫

درزن

法官

جج

化學家

کیمسٹ

演員

اداکار

公車司機

بس ڈرائیور

計程車司機

ٹیکسی ڈرائیور

漁夫

مچھیرا

清洗女工

صفائی کرنےوالی عورت

屋頂工

چھت بنانےوالا

服務生

ویٹر

獵人

شکاری

畫家

پینٹر

麵包師

بیکر

電工

الیکٹریشین

建築工人

بلڈر

工程師

انجینئر

屠夫

قصائی

水管工

پلمبر

郵差

ڈاکیا

士兵

سپاہی

建築師

آرکیٹیکٹ

收銀員

کیشئیر

花農

پھول بیچنےوالا

理髮師

نائی

售票員

کنڈکٹر

機械技師

مکینک

船長

کپتان

牙醫

ڈینٹسٹ

科學家

سائنسدان

拉比

یہودی عالم

伊瑪目

امام

和尚

راہب

牧師

پادری

# 工具

## اوزار

鐵錘
بتھوڑا
鉗子
پلائرز
螺絲起子
پیچ کس
扳手
رینچ
手電筒
ٹارچ

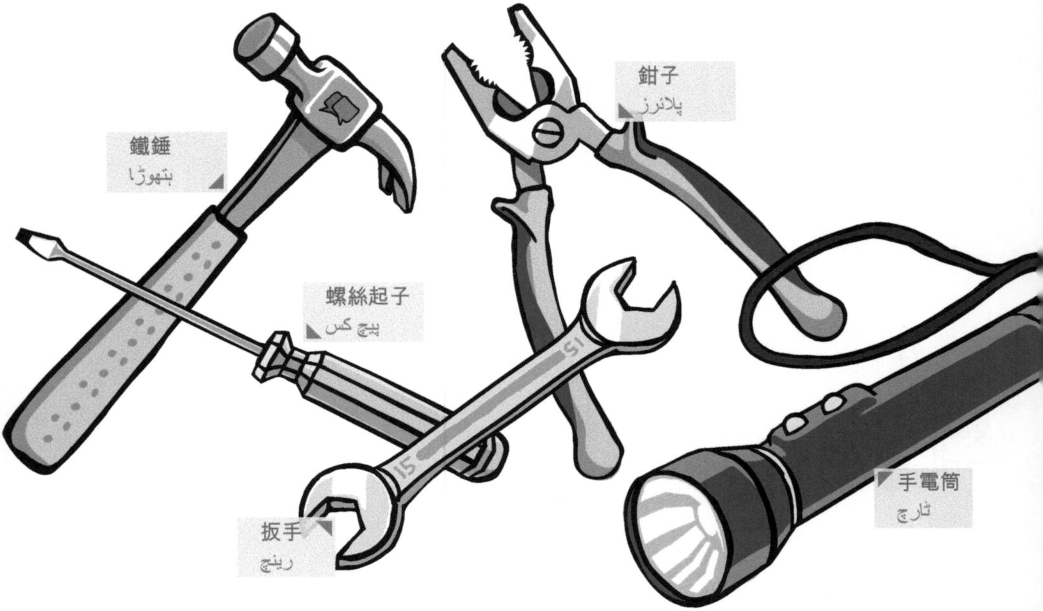

挖掘機

ایکسکویٹر

工具箱

ٹول باکس

梯子

سیڑھی

鋸子

آری

釘子

کیل

鑽機

ڈرل

修

مرمت کرنا

鏟子

بیلچہ

糟糕！

لعنت ہو!

畚箕

ڈسٹ پین

油漆桶

پینٹ پاٹ

螺絲

پیچ

## 樂器

## آلات موسیقی

揚聲器
لاؤڈ اسپیکر
ڈرم سیٹ
吉他
گٹار
低音提琴
ڈبل باس
小號
بگل

鋼琴

پيانو

小提琴

وائلن

貝斯

موسیقی کی آواز

定音鼓

ٹمپانی

鼓

ڈھول، ڈرمز

電子琴

کی بورڈ

薩克斯風

سیکسوفون

長笛

بانسری

麥克風

مائیکروفون

# 動物園

## چڑیا گھر

入口
داخلے کا راستہ
老虎
چیتا
籠子
پنجرہ
斑馬
زیبرا
جانوروں کا چارہ
熊貓
پانڈا

動物

جانور

大象

ہاتھی

袋鼠

کینگرو

犀牛

گینڈا

大猩猩

گوریلا

熊

ریچھ

駱駝

اونٹ

鴕鳥

شُترمُرغ

獅子

شیر

猴子

بندر

紅鶴

فلیمنگو

鸚鵡

طوطا

北極熊

قطبی ریچھ

企鵝

کبوتر

鯊魚

شارک

孔雀

مور

蛇

سانپ

鱷魚

مگرمچھ

動物園管理員

چڑیا گھر کا محافظ

海豹

سیل

美洲豹

امریکی تیندوا

矮種馬

ٹٹو

豹

چیتا

河馬

دریائی گھوڑا

長頸鹿

زرافہ

老鷹

عقاب

野豬

سؤر

魚

مچھلی

龜

کچھوا

海象

سمندری گھوڑا

狐狸

لومڑی

羚羊

غزال ہرن

# 體育

## کھیلیں

橄欖球
امریکن فٹ بال
騎腳踏車
سائیکلنگ
網球
ٹینس
籃球
باسکٹ بال
游泳
پیراکی
拳擊
باکسنگ
冰球
آئس ہاکی

美式足球

فٹ بال

羽毛球

بیڈمنٹن

田徑

اتھلیٹکس

手球

ہینڈ بال

滑雪

اسکیئنگ

馬球

پولو

笑
ہنسنا

擁抱
گلے لگانا

走路
چلنا

唱
گانا

چھلانگ

祈禱
دُعا کرنا

親吻
چومنا

做夢
خواب دیکھنا

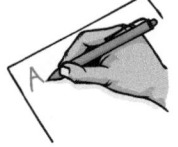

**書寫**

لکھنا

**畫**

تصویر کشی کرنا

**展示**

دکھانا

**推**

آگے کی طرف دھکیلنا

**給**

دینا

**拿**

لینا

有

رکھنا

做

کرنا

當

ہونا

站

کھڑا ہونا

跑

دوڑنا

拉

کھینچنا

丟

پھینکنا

摔倒

گرنا

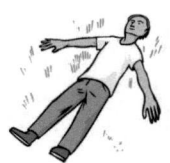

躺

جھوٹ بولنا

等待

انتظارکرنا

攜帶

اُٹھانا

坐

بیٹھنا

穿衣

ملبوس ہونا

睡覺

سونا

醒來

جاگنا

看

دیکھنا

哭

رونا

擊

چوٹ لگانا

梳頭

کنگھی کرنا

交談

بات کرنا

明白

سمجھنا

問

پوچھنا

聽

مُتوجہ ہونا

喝

پینا

吃

کھانا

清理

صاف کرنا

愛

پیارکرنا

做飯

پکانا

開車

گاڑی چلانا

飛

اُڑنا

航行

بحری سفر کرنا

計算

شمار کریں

讀

پڑھنا

學習

سیکھنا

工作

کام کرنا

結婚

شادی کرنا

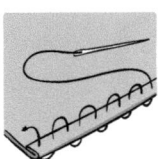

縫

سینا

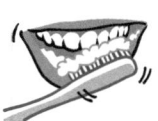

刷牙

دانت صاف کرنا

殺

جان سے مار دینا

抽菸

تمباکو نوشی کرنا

寄

بھیجنا

# 家

## خاندان

祖母
دادی
祖父
دادا
父親
باپ
母親
ماں
嬰兒
طفل
女兒
بیٹی
兒子
بیٹا

客人

مہمان

阿姨

چچی

叔叔

چچا

兄弟

بھائی

姐妹

بہن

# 身體

## جسم

前額
ماتھا
眼睛
آنکھ
臉
چہرہ
下巴
ٹھوڑی
乳房
چھاتی
手指
اُنگلی
手
ہاتھ
手臂
بازو
肩膀
کندھا
腿
ٹانگ

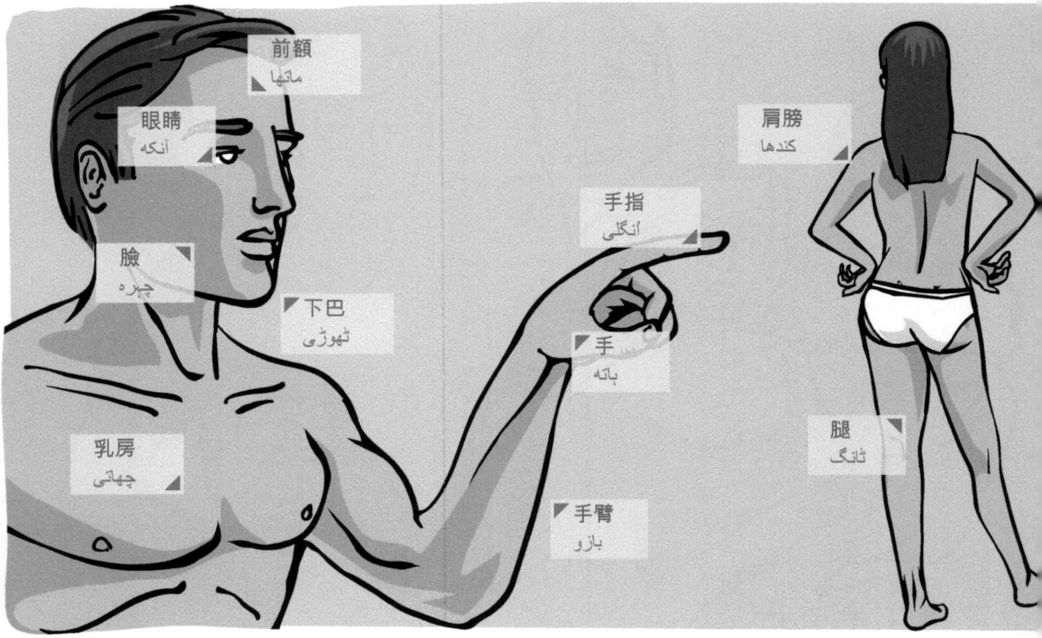

嬰兒

طفل

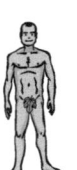

男人

آدمی

女人

عورت

女孩

لڑکی

男孩

لڑکا

頭

سر

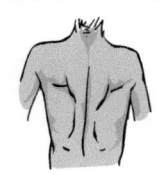

背部

کمر

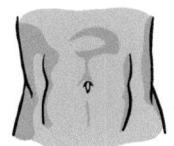

肚子

پیٹ

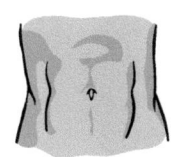

肚臍

ناف

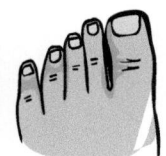

腳趾

پاؤں کا انگوٹھا

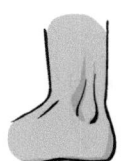

腳後跟

ایڑھی

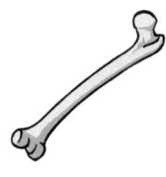

骨頭

ہڈی

臀部

کولہا

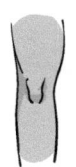

膝蓋

گھٹنا

手肘

کہنی

鼻子

ناک

屁股

نچلا حصہ

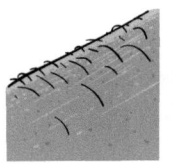

皮膚

جلد

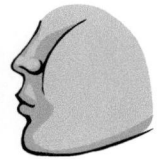

臉頰

گال

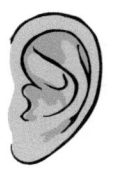

耳朵

کان

嘴唇

ہونٹ

嘴

مُنہ

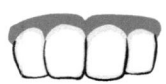

牙齒

دانت

舌頭

زُبان

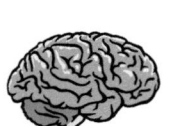

腦

دماغ

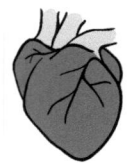

心臟

دل

肌肉

پٹھہ

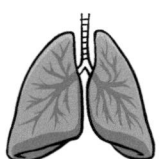

肺

پھیپھڑا

肝臟

جگر

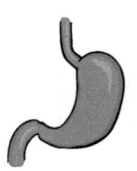

胃

معدہ

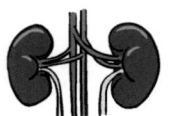

腎臟

گردے

性交

جنس

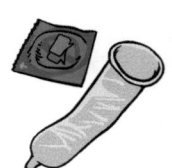

保險套

کنڈوم

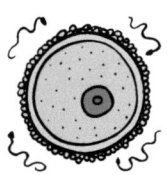

卵子

بیضہ

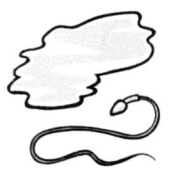

精子

مادہ منویہ

懷孕

حمل

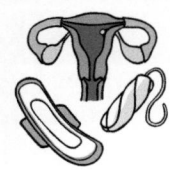

月事

حیض

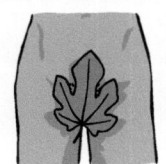

陰道

اندام نهانی

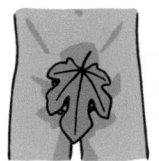

陰莖

عضو تناسل

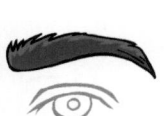

眉毛

بهنویں

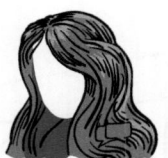

頭髮

بال

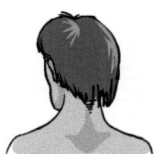

脖子

گردن

醫院
ہسپتال

急救車
ایمبولینس

輪椅
وہیل چیئر

骨折
ہڈی ٹوٹنا

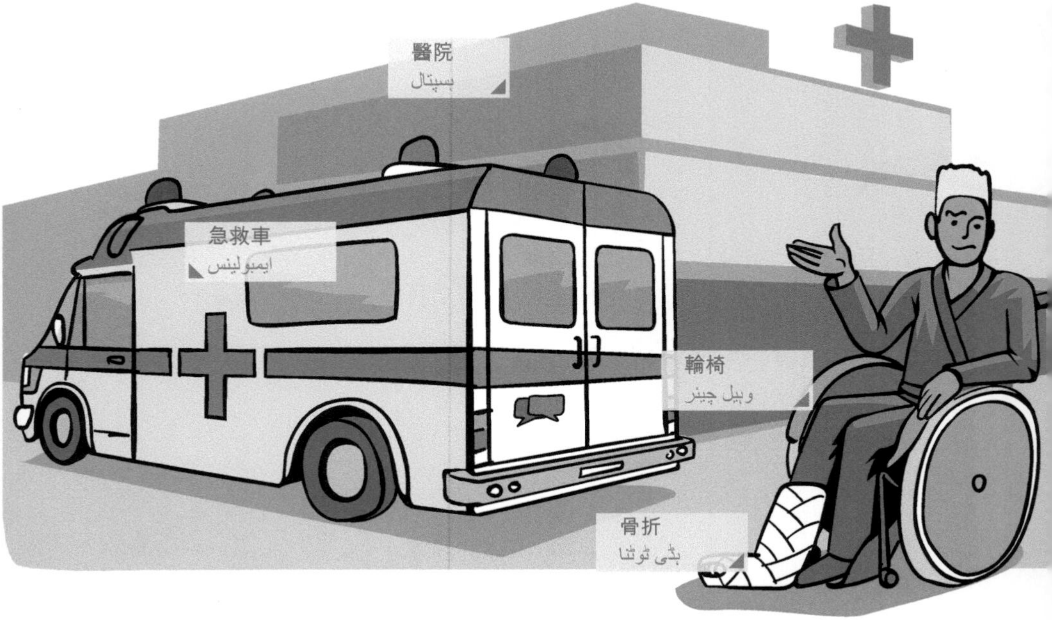

**醫師**

ڈاکٹر

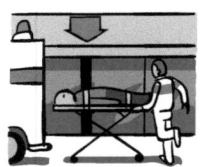

**急診室**

ہنگامی کمرہ

**護理師**

نرس

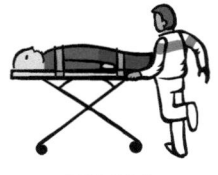

**緊急情形**

ہنگامی صورتحال

**昏迷**

بےہوش

**痛**

درد

受傷
زخم

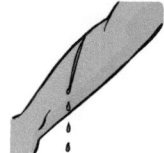

出血
خون بہنا

心臟病發作
دل کا دورہ

中風
فالج

過敏
الرجی

咳嗽
کھانسی

發燒
بخار

流感
زکام

腹瀉
اسہال

頭痛
سردرد

癌症
کینسر

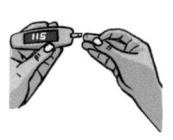

糖尿病
ذیابیطس

外科醫師
سرجن

手術刀
نشتر

手術
آپریشن

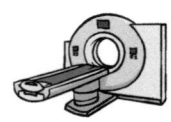

電腦斷層掃描

سی ٹی

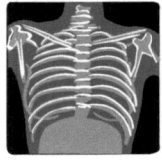

X光

ایکس رے

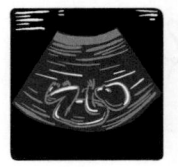

超音波

الٹراساؤنڈ

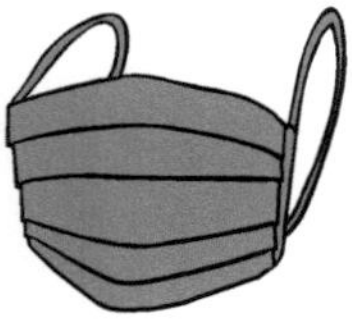

口罩

چہرے کا نقاب

疾病

بیماری

候診室

انتظارگاہ

拐杖

بیساکھی

石膏

پلاسٹر

繃帶

پٹی

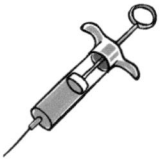

注射

انجکشن

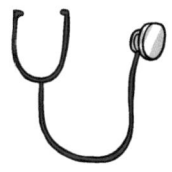

聽診器

اسٹیتھواسکوپ

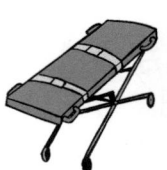

擔架

اسٹریچر

體溫計

مطبی تھرما میٹر

出生

پیدائش

超重

حد سے زیادہ وزن

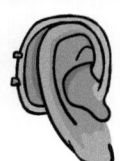

助聽器

آلہ سماعت

消毒液

جراثیم کش

感染

انفیکشن

病毒

وائرس

愛滋病

ایچ آئی وی/ ایڈز

藥物

دوا

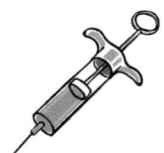

接種疫苗

ویکسی نیشن

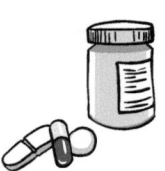

藥片

گولیاں

藥丸

گولی

急救電話

ہنگامی کال

血壓計

بلڈ پریشر مانیٹر

生病/健康

بیمار/ صحتمند

# 緊急情形

## ہنگامی صورتحال

救命！

مدد!

警報

الارم

突擊

مُجرمانہ حملہ

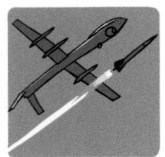

攻擊

حملہ

危險

خطرہ

緊急出口

ہنگامی راستہ

失火了！

آگ!

滅火器

آگ بُجھانےوالہ آلہ

意外

حادثہ

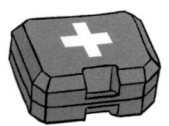

急救箱

ابتدائی طبی امداد کی کٹ

呼救訊號

ایس او ایس

員警

پولیس

# 地球

## زمین

歐洲

یورپ

北美洲

شمالی امریکہ

南美洲

جنوبی امریکہ

非洲

افریقہ

亞洲

ایشیا

澳洲

آسٹریلیا

大西洋

بحراوقیانوس

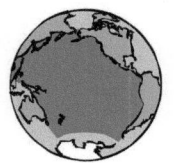

太平洋

بحرالکاہل

印度洋

بحرہند

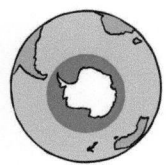

南冰洋

بحرقُطب جنوبی

北冰洋

بحرقُطب شمالی

北極

قُطب شمالی

南極

قُطب جنوبی

南極洲

انتارکتیکا

地球

زمین

陸地

زمین

海

سمندر

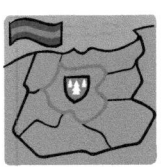

島

جزیره

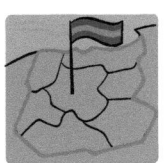

國家

قوم

州

ریاست

# 鐘錶
## کلاک

錶盤

کلاک کا سامنےکا حصہ

時針

گھنٹوں والی سوئی

分針

منٹوں والی سوئی

秒針

سیکنڈ ہینڈ

現在幾點？

کیا وقت ہوا ہے؟

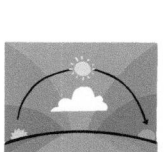

天

دن

時間

وقت

現在

اب

電子錶

ڈیجیٹل گھڑی

分

منٹ

時

گھنٹہ

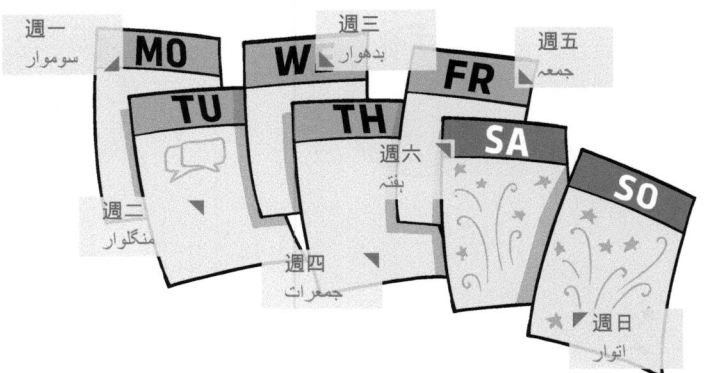

| | | |
|---|---|---|
| 週一 سوموار | 週三 بدهوار | 週五 جمعه |
| 週二 منگلوار | 週四 جمعرات | 週六 هفته |
| | | 週日 اتوار |

昨天

گزرا کل

今天

آج

明天

کل

早晨

صبح

中午

دوپهر

晚上

شام

| MO | TU | WE | TH | FR | SA | SU |
|---|---|---|---|---|---|---|
| 1 | 2 | 3 | 4 | 5 | 6 | 7 |
| 8 | 9 | 10 | 11 | 12 | 13 | 14 |
| 15 | 16 | 17 | 18 | 19 | 20 | 21 |
| 22 | 23 | 24 | 25 | 26 | 27 | 28 |
| 29 | 30 | 31 | 1 | 2 | 3 | 4 |

工作日

کاروباری دن

| MO | TU | WE | TH | FR | SA | SU |
|---|---|---|---|---|---|---|
| 1 | 2 | 3 | 4 | 5 | 6 | 7 |
| 8 | 9 | 10 | 11 | 12 | 13 | 14 |
| 15 | 16 | 17 | 18 | 19 | 20 | 21 |
| 22 | 23 | 24 | 25 | 26 | 27 | 28 |
| 29 | 30 | 31 | 1 | 2 | 3 | 4 |

週末

هفتے کا اختتام

雨
بارش
彩虹
قوس قزح
風
ہوا
雪
برف
春
بہار
夏
موسم گرما
秋
خزاں
冬
موسم سرما

天氣預告

موسمی پیش گوئی

溫度計

تھرما میٹر

陽光

دھوپ

雲

بادل

霧

دُھند

潮濕

حبس

閃電

بجلی کوندھنا

打雷

بادلوں کی گرج

風暴

طوفان

冰雹

ژالہ باری

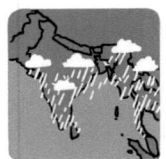

季風

مون سون

洪水

سیلاب

冰

برف

一月

جنوری

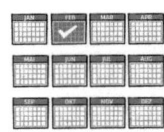

二月

فروری

三月

مارچ

四月

اپریل

五月

مئی

六月

جون

七月

جولائی

八月

اگست

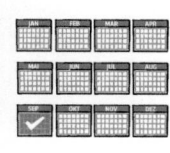

九月

ستمبر

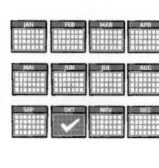

十月

اكتوبر

十一月

نومبر

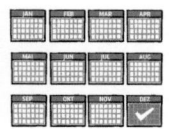

十二月

دسمبر

# 形狀
## اشكال

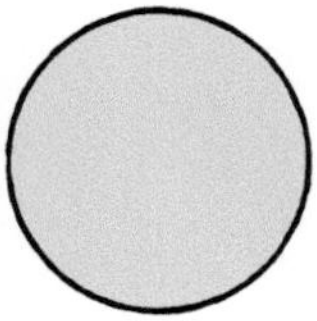

圓形

دائره

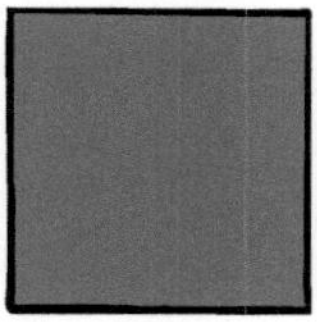

正方形

چوكور

長方形

مُستطيل

三角形

تكون

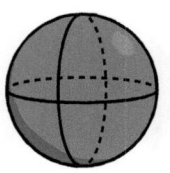

球體

گره

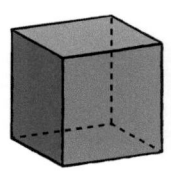

立方體

مكعب

# 顏色

## رنگ

白

سفید

黃

پیلا

橙

نارنجی

粉

گلابی

紅

سُرخ

紫

جامنی

藍

نیلا

綠

سبز

棕

بھورا

灰

مٹیالا

黑

سیاہ

很多/少許

بہت زیادہ / بہت کم

生氣/平靜

ناراض / پُرسکون

美/醜

خوبصورت / بدصورت

首/尾

آغاز / اختتام

大/小

بڑا / چھوٹا

明/暗

روشن / اندھیرا

兄弟/姐妹

بھائی / بہن

乾淨/骯髒

صاف / گندا

完整/缺失

مکمل / نامکمل

白天/晚上

دن / رات

死/生

زندہ / مُردہ

寬/窄

چوڑا / تنگ

可食用/非食用

کھانے کے قابل ہونا / کھانے کے قابل نہ ہونا

邪惡/善良

بُرا / اچھا

興奮/無聊

پُرجوش / بوریت کا شکار

胖/瘦

موٹا / دُبلا

第一/最後

پہلا / آخری

朋友/敵人

دوست / دُشمن

滿/空

بھرا ہوا / خالی

硬/軟

سخت / نرم

重/輕

بوجھل / ہلکا

餓/渴

بھوک / پیاس

生病/健康

بیمار / صحتمند

非法/合法

غیرقانونی / قانونی

聰明/愚笨

عقلمند / بیوقوف

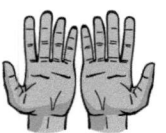

左/右

بائیں / دائیں

近/遠

نزدیک / دور

新/舊

نیا / پُرانا

沒有/有些

کچھ نہیں / کچھ ہے

老/幼

بوڑھا / نوجوان

開/關

آن / آف

打開/闔上

کُھلا / بند

安靜/吵鬧

خاموش / بُلند آواز

富/窮

امیر / غریب

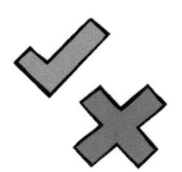

對/錯

ٹھیک / غلط

粗糙/光滑

کھُردرا / ہموار

傷心/高興

افسردہ / خوش

短/長

مُختصر / طویل

慢/快

آہستہ / تیز

濕/乾

گیلا / خُشک

溫暖/涼爽

گرم / ٹھنڈا

戰爭/和平

جنگ / امن

# 數字

## اعداد

| | | |
|---|---|---|
| **0** | **1** | **2** |
| 零 | 一 | 二 |
| صفر | ایک | دو |
| **3** | **4** | **5** |
| 三 | 四 | 五 |
| تین | چار | پانچ |
| **6** | **7** | **8** |
| 六 | 七 | 八 |
| چھ | سات | آٹھ |
| **9** | **10** | **11** |
| 九 | 十 | 十一 |
| نو | دس | گیارہ |

12

十二

باره

13

十三

تیره

14

十四

چوده

15

十五

پندره

16

十六

سولہ

17

十七

ستره

18

十八

اٹھاره

19

十九

انیس

20

二十

بیس

100

百

سو

1.000

千

ہزار

1.000.000

百萬

دس لاکھ

# 語言

## زبانیں

英語

انگریزی

美式英語

امریکی انگریزی

普通話

چینی مینڈارین

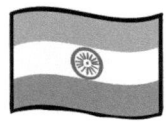

印地語

ہندی

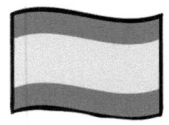

西班牙語

ہسپانوی

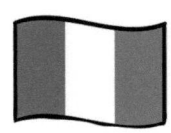

法語

فرانسیسی

阿拉伯語

عربی

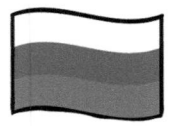

俄語

روسی

葡萄牙語

پُرتگالی

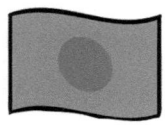

孟加拉語

بنگالی

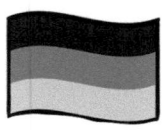

德語

جرمن

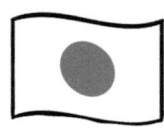

日語

جاپانی

# 誰/什麼/如何
## کون / کیا / کیسے

我

میں

你

تم

他/她/它

وہ (لڑکا) / وہ (لڑکی) / یہ

我們

ہم

你們

تم

他們

وہ

誰？

کون؟

什麼？

کیا؟

如何？

کیسے؟

何處？

کہاں؟

何時？

کب؟

名字

نام

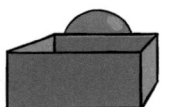

# 方位

## کہاں

後面

پیچھے

裡面

میں

前面

کےسامنے

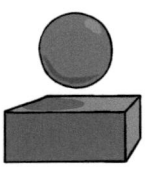

上方

اوپر

上面

پر

下麵

نیچے

旁邊

ساتھ

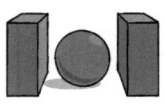

中間

درمیان

地點

جگہ